LK 3100

UNION
DU PRIEURÉ
DE S. GEORGES
D'HARICOURT

Du Diocéze de Reims, dépendant de
l'Abbaye de Nôtre-Dame de Mouzon du même Diocéze, au Seminaire
de Reims.

A PARIS,

Chez FEDERIC LEONARD Imprimeur ordinaire
du Roy & du Clergé de France, ruë S. Jaques
à l'Ecu de Venize.

M. DC. LXXIX.

VNION DV PRIEVRÉ

de S^t. Georges d'Haricourt du Dio-
cèze de Reims, dépendant de l'Abbaye de Nôtre - Dame de Mouzon
du même Diocéze, au Seminaire de
Reims.

A MONSEIGNEUR

L'ILLUSTRISSIME ET REVERENDISSIME

ARCHEVÊQUE DUC DE REIMS,

PREMIER PAIR DE FRANCE, &c.

SUPPLIE Humblement Jacques Callou Prêtre Superieur du Seminaire étably dans vôtre Ville de Reims, disant
que par Lettres patentes données au
camp de Kieurain, au mois de Juin, mil
six cens soixante seize, verifiées au Parlement de
Paris par Arrest du dix-neuf Aoust suivant, il vous a
été permis d'unir des Benefices audit Seminaire jus-

A

ques à concurrence de la fomme de dix mille liures par chacun an, en execution defquelles vous y au-riez uny & incorporé le revenu de plufieurs Pa-tronnages, montant à quatre mille livres de rente; mais comme cette fomme n'eft pas fuffifante pour l'établiffement & la dotation d'un Seminaire où il doit y avoir un grand nombre d'Ecclefiaftiques, attendu la grandeur du Diocéze & l'étendüe de la Province, Meffire Jean le Gentil, Prêtre Chanoine de vôtre Eglife & Prieur Commendataire du Prieuré de St. Georges d'Haricourt dépendant de l'Abbaye de Mouzon, de l'Ordre de S. Benoift, & fitüé dans vôtre Diocéze, auroit paffé Procuration le neuf Mars, mil fix cens foixante dix-neuf, pardevant Routier Notaire au Châtelet de Paris & fon Compagnon, pour remettre fondit Prieuré entre vos mains, pour caufe toutefois d'union au profit dudit Seminaire, à la referve de tous les fruits & revenus, dont il joüiroit pendant fa vie, & qui demeureroient aprés fa mort reünis à la menfe dudit Seminaire; c'eft pourquoy il a recours à vôtre autorité pour luy être fur ce pourvu.

CE CONSIDERE', MONSEIGNEUR, il vous plaife, de vos graces ordonner que le Titre du-dit Prieuré demeurera fupprimé, & les fruits & réve-nus en dépendans unis à la menfe dudit Seminaire, pour fervir à partie de fa fondation; à la charge neanmoins de la joüiffance defdits revenus par ledit fieur le Gentil durant fa vie, & le fuppliant fera obli-gé de continüer fes prieres pour vôtre profperité & fanté. Signé J. CALLOU.

3

*Soit montré à nôtre Promoteur. A Reims ce 29. Mars,
1679.   Signé* CHARLES M. AR. DUC DE REIMS.

Je requiers qu'avant faire droit il foit informé
de la commodité & incommodité de l'union requife
par le fuppliant, enfemble de la valeur des revenus
dudit Prieuré d'Haricourt, par tel Commiffaire qu'il
vous plaira députer, & que le fieur Abbé de Mouzon,
les Religieux, Prieur & Convent de ladite Abbaye,
& ledit fieur le Gentil Prieur foient affignez pardevant vous pour répondre aux Conclufions de ladite
Requefte ; & que ledit Sr Callou Supérieur de vôtre
Seminaire foit tenu de reprefenter un eftat des revenus dudit Seminaire, pour ce fait, rapporté, à nous
communiqué, être par vous ordonné ce qu'il appar-
tiendra. Requis à Reims ce 31. Mars, 1679.
                    Signé J. ROLAND.

*Soit fait ainfi qu'il eft requis par nôtre Promoteur, &
pour proceder à l'information Nous avons député
Mr Eleonor Triftan Prêtre Chanoine de nôtre Eglife
Metropolitaine & Archidiacre de Champagne. Donné
à Reims dans nôtre Palais Archiepifcopal, le premier
jour d'Avril, mil fix cens foixante dixneuf.
Signé* CHARLES M. AR. DUC DE REIMS.

CHARLES MAURICE LE TELLIER
Par la grace de Dieu Archevêque Duc de
Reims, Premier Pair de France, Legat né du S.
Siege Apoftolique, Maître de la Chapelle du
Roy &c. A tous prefens & à venir, SALUT. Veu par
Nous les Lettres Patentes données au Camp de Kie-

vrain au mois de Juin, mil six cens soixante seize, par lesquelles Sa Majesté nous permet d'établir un Seminaire dans nôtre Ville de Reims, & pour en faciliter davantage l'établissement, fondation & dotation, d'employer tous les moyens portez & permis par les Conciles & par les Ordonnances, d'y unir un ou plusieurs Benefices simples, jusques à la concurrence de dix mille livres de revenu annuel; lesdites Lettres regiftrées au Parlement de Paris, & en la Chambre des Comptes, les dix-neuf Aouft & dix-neuf Octobre, mil six cens soixante seize : La Requefte à nous prefentée par Me. Jacques Callou Prêtre Superieur de nôtre Seminaire de Reims, afin d'extinction du Titre du Prieuré de St. Georges d'Haricourt, fis en nôtre Diocéze, dépendant de l'Abbaye de nôtre Dame de Mouzon, Ordre de St. Benoift, & d'union des fruits & revenus dudit Prieuré à nôtredit Seminaire, pour en joüir par luy aprés la mort du Sieur Jean le Gentil Prêtre Chanoine de nôtre Eglife Metropolitaine, & Prieur Commendataire dudit Prieuré : La Procuration paffée pardevant Routier & fon Compagnon Notaires au Châtelet de Paris, le neuf Mars mil six cens soixante dix-neuf, par laquelle ledit Sr. le Gentil fait demiffion de fondit Prieuré entre nos mains, pour caufe toutefois d'union à nôtredit Seminaire, & à la referve de tous les fruits & revenus pendant fa vie : Nôtre Decret du vingtneuf Mars dernier, intervenu fur lefdites Procuration & Requefte, contenant qu'elles feroient communiquées à nôtre Promoteur : Les Conclufions par luy données le trente-uniéme dudit mois de Mars : L'Ordonnance par nous interposée le premier Avril enfuivant, tant fur lefdites Requefte & Procuration, que fur lefdites Conclufions de nôtre Promoteur, portant qu'avant faire droit fur le contenu en icelles, il feroit informé de la commodité & incommodité de ladite union, enfemble de la valeur des revenus dudit Prieuré d'Haricourt, par le Sieur Eleonor Triftan Prêtre Chanoine de nôtre Eglife Metropolitaine & Archidiacre de Champagne; & que le Sieur Abbé de Mouzon, les Religieux, Prieur & Convent de ladite Abbaye, même ledit Sieur le Gentil feroient appellez pardevant Nous pour répondre aux Conclufions de ladite Requefte dudit S. Callou, lequel feroit tenu de Nous reprefenter un état des revenus dudit Seminaire, pour ce fait, l'information rapportée, & le tout communiqué à nôtredit Promoteur, être par nous ordonné ce qu'il appartiendroit : l'Information de la commodité & incommodité de ladite union, compofée de fix têmoins oüis par ledit S. Triftan le feiziéme Avril dernier, de laquelle refulte que ledit Prieuré vaut quinze cens livres de rente, toutes charges faites, & que l'extinction du Titre dudit Prieuré, & l'union des fruits & revenus en dépendans à nôtredit Seminaire, fera utile à l'Eglife, fans apporter aucune incommodité : l'Acte paffé le huictiéme May, mil fix cens foixante dixneuf, pardevant Jean Repichet, & François l'Afnier Notaires Royaux de la Ville d'Argentan, infinüé & regiftré au Greffe des Infinuations de l'Archevêché de Paris, le quatorziéme du même mois, par lequel M. Claude de

A iij

Caignou Prêtre Docteur en Theologie, ayant appris que ledit S^r le Gentil avoit passé Procuration pour resigner ledit Prieuré en sa faveur, és mains de Nôtre S. Pere le Pape, & que sur ladite Procuration il y avoit eû une signature de resignation expediée à son profit, *Romæ apud Sanctum Petrum, tertio Kalendas Januarij, Pontificatûs Sanctissimi Domini Domini Nostri Papæ Innocentij undecimi anno primo*; il déclare qu'il repudie ladite Resignation, ne veut point l'accepter ny s'en servir aucunement, & en consequence a consenty que ledit S^r le Gentil disposât dudit Prieuré ainsi qu'il aviseroit bon estre: le Territoire donné par Monseigneur l'Archevêque de Paris le vingt-huit Avril, mil six cens soixante-dix-neuf, à l'effet de l'extinction du Titre dudit Prieuré, de l'union de ses fruits & revenus à nôtredit Seminaire, & des Actes à faire à cette fin, tant par Nous que nôtredit Promoteur & toutes autres personnes à ce necessaires : La declaration des biens de nôtredit Seminaire donnée par ledit Me Jacques Callou par Acte passé le vingt-huitiéme Avril, mil six cens soixante-dix-neuf, pardevant Chevillier & son Compagnon Notaires Royaux à Reims, portant que nôtredit Seminaire n'a autres biens que quatre mille livres de rente, dont il ne joüira qu'aprés la mort de ceux qui étoient Titulaires des Patronnages que Nous avons supprimez par nôtre Ordonnance du vingt-uniéme Janvier dernier, pas un desquels n'est decedé depuis nôtredit Decret d'extinction : l'Exploit de Coffin Sergent Royal immatriculé au Presidial de Sedan, donné aux Religieux, Prieur &

Convent de ladite Abbaye de Nôtre-Dame de
Mouzon, le huitiéme Avril, mil six cens soixante-
dix-neuf, contrôlé à Mouzon les mêmes jour &
an, à comparoir pardevant Nous pour répondre
aux conclusions de ladite Requeste dudit Sr Callou,
dont copie leur a esté laissée, même du Decret par
Nous interposé sur ladite Requeste le premier Avril
dernier: les Exploits de Decampa Sergent à Verge
au Châtelet de Paris, donnez au sieur Claude de
Joyeuse Abbé de Nôtre-Dame de Mouzon, &
audit Sieur le Gentil Prieur Commendataire de S.
Georges d'Haricourt, le quinziéme Avril dernier;
contrôlez à Paris les mêmes jour & an; lesdits Exploits faits en execution de nôtredite Ordonnance
du premier du même mois d'Avril, & du Pareatis
de M.^r le Lieutenant Civil de Paris, signé Gerar-
din; à comparoir pardevant Nous pour répondre
aux conclusions de ladite Requeste dudit Sr Callou,
dont copie leur a esté laissée, & dudit Decret par
Nous interposé sur ladite Requeste le premier Avril
dernier: les Procés verbaux du quinziéme des pre-
sens mois & an, desquels il apert que Me Jean Ba-
ptiste Charlot Diacre de nôtre Diocéze, fondé de la
Procuration dudit Sr de Joyeuse Abbé de Mouzon,
passée à Paris le seize Avril dernier pardevant Julien
& son Compagnon Notaires au Châtelet de Paris, &
de celle desdits Religieux, Prieur & Convent de Nôtre-Dame de Mouzon, passée à Mouzon le premier
May, mil six cens soixante-dix-neuf, l'original de
laquelle a esté déposé chez Gallois Notaire au Châtelet de Paris; en vertu aussi de la Procuration du

dit Sieur le Gentil en datte du quinziéme du pré-
fent mois & an, & fignée de Routier & de fon Compagnon Notaires au Châtelet de Paris; Nous a de-
claré qu'il fe prefentoit pardevant Nous pour répondre aufdites Affignations données aux fins de
ladite Requefte du S.r Callou aufdits Sieurs Abbé
& Religieux de Mouzon & audit S.r le Gentil,
& declarer pour & au nom defdits S.rs Abbé, Religieux, Prieur & Convent de Nôtre-Dame de Mouzon, & dudit S.r le Gentil Prieur de S.t Georges d'Haricourt, qu'ils confentent que le Titre dudit Prieuré
de S.t. Georges d'Haricourt foit & demeure fupprimé, & les fruits & revenus en dépendans unis à
perpetuité à la Menfe de nôtredit Seminaire; Nous
requerir toutefois pour ledit S.r le Gentil, d'ordonner qu'il joüira des fruits & revenus dudit Prieuré
fa vie durant; & renoncer, fi befoin eft, pour ledit
S.r le Gentil à la faculté de refigner ou permuter
ledit Prieuré; & pour ledit S.r Abbé & fes Suc-
ceffeurs, à la faculté d'y pourvoir; defquels Procés
verbaux apert pareillement que M.e Jean Jofeph
Favart Chanoine de nôtre Eglife Metropolitaine,
Procureur, & au nom dudit M.e Jacques Callou,
Nous a demandé Acte de ce qu'il acceptoit lefdites
declarations faites par ledit Charlot au nom & comme fondé de Procurations fpeciales des S.rs Abbé,
Religieux, Prieur & Convent de Nôtre-Dame de
Mouzon, & dudit S.r le Gentil; que ledit S.r Favart
audit nom Nous a requis que pour feureté de l'execution defdites Procurations, il Nous plût ordonner qu'elles feroient tranfcrites au pied defdits Pro-

cés

cés verbaux, & paraphées de Nous, pour y avoir recours en nôtre Secretariat en cas de besoin; & que oüy sur ce nôtre Promoteur, qui auroit adheré à la demande dudit Sr. Callou, Nous aurions donné Acte aux parties de leurs declarations respectives, & ordonné de leurs consentemens, que copies desdites Procurations desdits Srs. Abbé, Religieux, Prieur & Convent de ladite Abbaye, & dudit Sr. le Gentil, seroient mises au pied desdits Procés verbaux, & paraphées de Nous, pour y avoir recours en nostre Secretariat en cas de besoin : la Requeste à Nous presentée par ledit Sr. Callou, afin qu'attendu lesdits consentemens dudit Sr. le Gentil, desdits Srs. Abbé, Religieux, Prieur & Convent de Nostre-Dame de Mouzon; qu'il a prouvé que ladite union estoit utile à l'Eglise, & qu'il a pleinement satisfait à nôtredite Ordonnance du premier Avril dernier, il Nous plût proceder à l'extinction du Titre dudit Prieuré de Sr. Georges d'Haricourt, & à l'union de ses fruits & revenus à nôtredit Seminaire, pour en jouir aprés la mort dudit Sr. le Gentil : nôtre Decret intervenu sur ladite Requeste le dix-huitiéme de ce mois, portant qu'elle seroit communiquée à nôtredit Promoteur, pour luy oüy en ses Conclusions, & le tout raporté, estre par Nous ordonné ce qu'il appartiendroit : les Conclusions definitives de notredit Promoteur.

TOUT consideré, & le Sr. Nom de Dieu invoqué, Nous avons éteint & supprimé, éteignons & supprimons à perpetuité le Titre dudit Prieuré de St. Georges d'Haricourt, & en consequence avons

B

uni & uniſſons à nôtredit Seminaire les fruits &
revenus en dépendans, pour en joüir par nôtredit Seminaire aprés la mort dudit S^r. le Gentil; à condition neanmoins d'aquiter par ledit Seminaire à
toûjours, & à commencer lorſqu'il ſera en joüiſ-
ſance, les Decimes ordinaires & extraordinaires,
les taxes pour le Don gratuit du Clergé au Roy,
& generalement toutes les autres charges dont
ledit Prieuré eſt tenu. DONNE' à Paris ſous le
Sceau de nos Armes, nôtre Seing & celuy de nôtre
Secretaire, le Samedy vingtiéme du mois de May,
mil ſix cens ſoixante-dix-neuf.
Signé CHARLES M. AR. DUC DE REIMS.
Et plus bas: *Par Monſeigneur*, DUFOUR. Et ſcellé.

LOUIS PAR LA GRACE DE DIEU
ROY DE FRANCE ET DE NAVARRE,
A tous preſens & à venir, SALUT. Nôtre bien
amé Jacques Callou Prêtre Superieur du Seminaire de Reims, Nous a fait entendre que par
nos Lettres Patentes données au Camp de Kieurain, au mois de Juin mil ſix cens ſoixante-ſeize,
regiſtrées en nôtre Parlement de Paris, le dix-neu-
viéme Aouſt enſuivant, Nous aurions permis à
nôtre tres-cher & bien-amé Couſin CHARLES
MAURICE LE TELLIER Archevêque Duc
de Reims, Premier Pair de France d'unir des Benefices audit Seminaire juſques à la concurrence
de dix mille livres de revenu par chacun an, en
execution deſquelles Lettres nôtredit Couſin y
auroit par ſon Ordonnance du vingt-uniéme Janvier

dernier, confirmée par nos Lettres patentes du mois suivant, uni le revenu de plusieurs Patronnages, montant à quatre mille livres de rente: mais comme cette somme n'est pas encore suffisante pour l'établissement de la Dotation d'un Seminaire où il doit y avoir un nombre d'Ecclesiastiques proportionné à la Grandeur du Diocéze, & à l'étenduë de la Province de Reims, ledit Jacques Callou auroit supplié nôtredit Cousin d'éteindre & supprimer le Titre du Prieuré Commendataire de St. Georges d'Haricourt, situé dans le Diocéze de Reims, dépendant de l'Abbaye de Nôtre-Dame de Mouzon, & d'unir ses fruits & revenus, qui font de quinze cens livres ou environ, audit Seminaire; sur quoy seroit intervenu le Decret interposé par nôtredit cousin le vingtiéme jour de May, mil six cens soixante-dix-neuf, par lequel aprés avoir observé les formalitez en tel cas requises, & des consentemens de nos bien-amez Claude de Joyeuse Abbé Commendataire de Nôtre-Dame de Mouzon, Jean le Gentil Prêtre Chanoine de l'Eglise Metropolitaine de Reims, & Prieur Commendataire de St. Georges d'Haricourt, & des Religieux, Prieur & Convent de ladite Abbaye, il auroit éteint & supprimé à perpetuité le Titre dudit Prieuré, & en conséquence uny audit Seminaire les fruits & revenus en dépendans, pour en joüir aprés la mort dudit le Gentil, à condition d'aquiter toutes les charges par ledit Seminaire, lorsqu'il entrera en joüissance des revenus dudit Prieuré; ce qui ne pouvant être executé sans nôtre authorité, ledit

B ij

Callou Nous a tres-humblement fait supplier luy
vouloir accorder nos Lettres fur ce neceffaires.
A CES CAUSES & autres bonnes confidera-
tions, defirans contribuer en tout ce qui dépend
de nôtre authorité à l'affermiffement & à l'accroif-
fement dudit Seminaire de Reims, aprés avoir
fait voir en nôtre Conseil le Decret d'extinction
& d'union attaché avec les pieces y énoncées fous
le Contrefcel de noftre Chancellerie, de nôtre
certaine fcience, pleine puiffance & authorité
Royalle, Nous avons iceluy Decret loué, confirmé & approuvé, loüons, confirmons & approuvons
par ces prefentes fignées de nôtre main, Voulons
qu'il forte fon plein & entier effet aux claufes &
conditions portées par iceluy. SI DONNONS EN
MANDEMENT à nos amez & feaux les gens
tenans noftre Cour de Parlement de Paris, que nos
prefentes Lettres de Confirmation dudit Decret
d'extinction & d'Union ils ayent à faire regiftrer,
& de leur contenu joüir & ufer ledit Seminaire
de Reims pleinement, paifiblement & perpe-
tuellement, ceffant & faifant ceffer tous troubles &
empêchemens au contraire: CAR TEL EST NO-
TRE PLAISIR; & afin que ce foit chofe ferme
& ftable à toûjours, Nous avons fait mettre nôtre
fcel à cefdites Prefentes. Donné à S^t. Germain en
Laye au mois de May, l'an de Grace mil fix cens
foixante dix-neuf, & de nôtre Regne le trente
fixiéme. Signé LOUIS. Et fur le reply, *par le Roy,*
ARNAULD: & à côté, *vifa* le TELLIER, Sçellé,
du grand Sçeau de cire verte.

EXTRAIT DES REGISTRES
de Parlement.

VEu Par la Cour les Lettres Patentes du Roy données à S. Germain en Laye, au mois de May, mil six cens soixante dixneuf, signées, Louis: & sur le reply, par le Roy, Arnauld: & scellées en lacs de soye du grand sçeau de cire verte, obtenües par Me. Jacques Callou Prêtre Superieur du Seminaire de Reims, par lesquelles pour les causes y contenües ledit Seigneur Roy auroit loüé, confirmé & approuvé le Decret d'union fait par l'Archevêque de Reims, du Prieuré commendataire de S. Georges d'Haricourt situé dans le Diocéze de Reims, dépendant de l'Abbaye de Nôtre Dame de Mouzon, au Seminaire étably en ladite Ville de Reims; Veut & luy plaît qu'il sorte son plein & entier effet, aux clauses & conditions portées par iceluy, & ainsi que plus au long le contiennent lesdites Lettres à la Cour addressantes: Requeste dudit impetrant pour l'Enregistrement desdites Lettres: Conclusions du Procureur General du Roy; oüy le rapport de Me. Guillaume Benard Conseiller: Tout consideré, La Cour, avant proceder à l'Enregistrement desdites Lettres, a ordonné & ordonne qu'elles seront, avec le Decret d'union communiquées à Me. Jean le Gentil à present Titulaire dudit Prieuré de St Georges d'Haricourt, à l'Abbé de Mouzon, & aux Religieux de ladite Abbaye, pour donner leurs consentemens, ou y dire autrement ce que bon leur semblera;

pour ce fait, rapporté & communiqué au Procureur General du Roy , être ordonné ce que de
raifon. Fait en Parlement le troifiéme Juin, mil fix
cens foixante dixneuf. Signé D O N G O I S : Collationné, J O U R D A I N : & Sçellé.

E X T R A I T D E S R E G I S T R E S
de Parlement.

V E U par la Cour les Lettres Patentes du Roy
données à S. Germain en Laye, au mois de
May, mil fix cens foixante dixneuf, Signées L O U I S:
& fur le reply, par le Roy ; Arnauld : & fcellées en
lacs de foye du grand Sçeau de cire verte ; obtenües par Mᶜ. Jacques Callou Prêtre Superieur du
Seminaire de la Ville de Reims , par lefquelles pour
les caufes y contenües ledit Seigneur Roy auroit
loüé , approuvé & confirmé le Decret d'extinction
& d'union fait par l'Archevêque de Reims du Prieuré commendataire de S. Georges d'Haricourt, avec
fes fruits & revenus , au Seminaire de la Ville de
Reims, le vingt dudit mois de May, mil fix cens
foixante dixneuf ; Veut & luy plaît qu'il forte fon
plein & entier effet, aux claufes & conditions portées
par iceluy , & ainfi que plus au long le contiennent lefdites Lettres à la Cour addreffantes : Arreft
du trois Juin audit an , par lequel la Cour avant
proceder à l'enregiftrement defdites lettres, auroit
ordonné qu'elles feroient , avec ledit Decret d'extinction & d'union communiquées à Mᶜ. Jean le
Gentil à Prefent Titulaire dudit prieuré de Sᵗ. Georges d'Haricourt , à l'Abbé de Mouzon , & aux Re-

ligieux de ladite Abbaye, pour donner fur icelles leurs confentemens, ou y dire autrement ce que bon leur fembleroit, pour ce fait, rapporté & com-muniqué au Procureur General du Roy, eftre or-donné ce que de raifon : les confentemens don-nez en confequence dudit Arreft, tant par ledit le Gentil Titulaire dudit Prieuré, que par les Abbé, & Religieux de Nôtre Dame de Mouzon, des dou-ze Juin, & cinq Juillet, mil fix cens foixante dix-neuf : enfemble ledit Decret d'extinction & d'union du vingt May audit an : Requefte prefentée à la Cour afin d'Enregiftrement defdites Lettres, & au-tres pieces attachées fous le contrefçel d'icelles ; Conclufions du Procureur General du Roy ; Oüy le rapport de Me. Guillaume Benard Confeiller en la Cour : Tout confideré, La Cour ordonne que lefdites Lettres feront Regiftrées au Greffe, pour être executées, & joüir par l'impetrant & ceux qui luy fuccederont audit Seminaire, de leur effet & contenu felon leur forme & teneur. Fait en Parlement le vingtuniéme Aouft, mil fix cens foi-xante dixneuf. Signé JACQUES; Collationné, PELAIS.

LOUIS PAR LA GRACE DE DIEU Roy de France et de Navarre: Au premier Huiffier où Sergent fur ce requis, à la requefte de Me. Jacques Callou Prêtre Superieur du Seminaire de la Ville de Reims ; Nous te mandons & commandons que l'Arreft de nôtre Cour de Parlement de Paris, du vingtuniéme Aouft dernier, cy attaché sousle contréſçel de nôtre Chancellerie, tu ſignifie aux y dénommez, & faſſe pour l'execution d'iceluy tous exploits & actes neceſſaires; de ce faire te donnons pouvoir dans tout nôtre Royaume, Pays, Terres & Seigneuries de nôtre obeïſſance, ſans demander autre congé, permiſſion, placet, viſa, ny pareatis; Car tel eſt nôtre plaiſir. Donné à Fontainebleau le deuxieme jour de Septembre, l'an de grace mil ſix cens ſoixante dixneuf, & de nôtre regne le trenteſixiéme. Par le Roy en ſon Conſeil, Signé JUNQUIERES: & Sçellé du grand Sçeau de cire jaune.

L'An mil ſix cens ſoixante-dix-neuf, le trente-uniéme Aouſt, fut le preſent ſignifié & baillé copie audit S^r le Gentil en ſon domicile, parlant à ſa Servante de Cuiſine, par moy Huiſſier en Parlement ſouſſigné, Maſſon. Contrôlé à Paris, le premier Septembre, mil ſix cens ſoixante-dix-neuf. Signé JACQUES.

L'An mil ſix cens ſoixante-dix-neuf, le ſeptiéme jour du mois de Septembre, en vertu de l'Arreſt, & Commiſſion, en datte du vingt-uniéme Aouſt dernier, & deuxiéme Septembre du preſent mois & an, cy-attachez, & à la Requeſte de Me Jacques Callou y dénommé, je Pierre Coffin Huiſſier Audiancier Royal immatriculé au Bailliage, Siege Royal & Préſidial de la Ville de Sedan, y demeurant ſouſſigné, me ſuis tranſporté de cheval dudit Sedan à Mouzon diſtant de trois lieuës, où étant &c.

Maison & Abbaye dudit lieu, j'ay bien & dûèment signifié au S^r. Abbé & Religieux de Mouzon le con-tenu audit Arreſt & Commiſſion, circonſtances & dé-pendances d'iceux, en parlant pour ledit S^r. Abbé à Jacques Conta ſon Cocher, & pour leſdits Religieux à Dom Joſeph François leur Prieur ; & afin qu'ils n'en ignorent, je leur ay à chacun ſeparément baillé & delaiſſé copie tant dudit Arreſt, Commiſſion, que deſ-dites Significations, parlant comme deſſus, & ſignifié le Contrôle. Signé Coffin: Contrôlé à Sedan le ſeptié-me Septembre, mil ſix cens ſoixante-dix-neuf.

Signé Ducloux.